1912年9月6日,孙中山视察京张铁路时,与欢迎人员在张家口车站合影。前排左五起:朱启钤、梁士诒、孙中山、梁如浩、□□□、叶恭绰

孙中山在上海与章太炎等合影。前排左起：孙中山、章太炎、胡汉民；后排右起：朱执信、古应芬、汪精卫

冯玉祥（左三）在郑州与武汉方面汪精卫（左五）、谭延闿（左四）、孙科（左一）、唐生智（左六）会谈合作，于右任（左二）也参加了这次会议

日本"战报"上的吴佩孚和家人合影

北京·顺治门城楼及瓮城(喜仁龙摄)

北京·顺治门城楼上的大炮（喜仁龙摄）

北京·平则门城楼和箭楼（喜仁龙摄）

北京·平则门城楼(喜仁龙摄)

北京·平则门（喜仁龙摄）

北京·西直门城门外（喜仁龙摄）

北京·西直门城墙下的店铺(喜仁龙摄)

北京·西直门城楼（喜仁龙摄）

北京·右安门(喜仁龙摄)

北京·内城东南角楼（喜仁龙摄）

北京·东便门外的葬礼（喜仁龙摄）

北京·德胜门城楼门洞(喜仁龙摄)

北京·德胜门瓮城内的剃头匠（喜仁龙摄）

北京·安定门箭楼及真武庙（喜仁龙摄）

北京·西便门内（喜仁龙摄）

北京·西便门外(喜仁龙摄)

北京·永定门护城河石桥(喜仁龙摄)

北京·驼队小憩（喜仁龙摄）

北京·天宁寺塔（柏石曼摄）

北京·天宁寺塔基座细部(柏石曼摄)

北京·慈寿寺塔(柏石曼摄)

北京·慈寿寺塔细节（柏石曼摄）

北京·西山碧云寺汉白玉塔上部平台（柏石曼摄）

北京·西山碧云寺石塔背部（柏石曼摄）

北京·五塔寺（柏石曼摄）

华北平原上的马车（柏石曼摄）

华北平原上的马车（柏石曼摄）

河南·龙门石窟山崖上的佛龛和洞窟(喜仁龙摄)

河南·龙门石窟奉先寺卢舍那大佛（喜仁龙摄）

河南·龙门山。小路一直通往石窟(喜仁龙摄)

河南·洛阳白马寺塔(柏石曼摄)

河南·洛阳白马寺毗卢阁(塚本靖摄)

河南·洛阳白马寺毗卢阁(塚本靖摄)

华山(卡斯特摄)

西安·北城门（柏石曼摄）

西安·城墙与西城门（喜仁龙摄）

西安·城墙西南角（喜仁龙摄）

西安·城区鸟瞰（喜仁龙摄）

陕西·西安大雁塔(柏石曼摄)

陕西·西安小雁塔(柏石曼摄)

陕西·西安鼓楼(柏石曼摄)

陕西·西安大清真寺（柏石曼摄）

陕西·庙台子寺庙花园（柏石曼摄）

陕西·庙台子张良庙主庭院(柏石曼摄)

陕西·庙台子张良庙屋顶的陶瓷装饰（柏石曼摄）

陕西·西安去往彬州路上的小贩（莫理循摄）

陕西·彬县县城北门（莫理循摄）

陕西·彬州的一座佛塔（莫理循摄）

陕西·永寿县附近（莫理循摄）

陕西·永寿县附近（莫理循摄）

陕西·店张驿集市（莫理循摄）

陕西·店张驿集市（莫理循摄）

陕西·乾州的乞丐（莫理循摄）

甘肃·凉州（莫理循摄）

甘肃·凉州附近的墓冢（莫理循摄）

甘肃·四十里铺（莫理循摄）

甘肃·四十里铺（莫理循摄）

甘肃·肃州鼓楼(莫理循摄)

甘肃·临水驿（莫理循摄）

甘肃·清水驿（莫理循摄）

甘肃·清水驿附近赶路的老者（莫理循摄）

甘肃·武威靖边驿（莫理循摄）

甘肃·途径张掖的喇嘛（莫理循摄）

甘肃·关帝庙前的道士(莫理循摄)

甘肃·古道上的僧人（莫理循摄）

甘肃·信差(莫理循摄)

甘肃·村妇（莫理循摄）

晚清朝廷衙役（莫理循摄）

马车夫（莫理循摄）

四川·成都青羊宫八卦亭（柏石曼摄）

四川·成都文殊院主殿（柏石曼摄）

四川·灌县二郎庙(柏石曼摄)

四川·灌县灵岩寺观音洞(柏石曼摄)

四川·忠县石宝寨(柏石曼摄)

重庆·街道（柏石曼摄）

重庆·嵌瓷装饰的民宅大门(柏石曼摄)

上海·外滩(杜德维摄)

上海·从外滩看北京路（杜德维摄）

上海·外滩(杜德维摄)

上海·外滩，接近南京路（杜德维摄）

上海·豫园附近的九曲桥和湖心亭（杜德维摄）

上海·虹口(杜德维摄)

福建·距离福州60英里闽江岸边的水口镇(杜德维摄)

福建·福州鼓山（杜德维摄）

福建·福州,显贵的墓地(杜德维摄)

福建·福州附近永福寺(永泰县方广岩寺,杜德维摄)

福建·福州北岭茶园（杜德维摄）

闽江中的堡垒，靠近福州（杜德维摄）

福建·建阳·水磨（杜德维摄）

武夷山·兜鍪峰（杜德维摄）

武夷山·马头岩(杜德维摄)